# 翡 翠 詩 帖

## EMERALD IN POETRY

徐 世 澤 著

DR. HSU SHIH-TZE

(Stephen Shihtze Hsu)

文史哲出版社印行

The Liberal Arts Press

OCTOBER, 2001

# 醫師的詩路（代序）

## 無名氏（卜寧）

　　在中國現代文學史上，究竟有哪些醫師詩人？區區孤陋寡聞，還不太清楚。我只知道，當代作家中，有兩位「半醫師詩人」，他們是鼎鼎大名的魯迅和郭沫若。何以稱為「半醫師詩人」？因為，當年魯迅留學日本八仙台醫校，本來立志要做醫師，但後來他改變主意，認為光醫救人的肉體還不夠，更重要的，是醫救中華民族的靈魂。所以他皈依文學。但他畢竟懂得醫術，也擅長作古典詩，格調大有魏晉風度，故我贈他「半醫師詩人」。郭沫若早歲東渡，亦在日本學醫，還娶了護士安娜為妻。爾後他參加革命，任北伐軍政治部主任鄧演達的助手，煊赫一時。這之前，他的浪漫主義風格的「女神」長詩，原就贏得掌聲。此後他又與文友辦創造社，提倡左派的普羅文學，完全再不走醫師之路了。然而，他也懂醫術，善寫詩歌，亦可名為「半醫師詩人」。

　　細數起來，在中國大陸，可真不易找到醫師詩人（可能某些中醫會寫點舊詩），在臺灣更難找。這幾年，

尋尋覓覓，終於找到一個，那就是徐世澤先生。現在幾乎可以斷言，在寶島近三萬名西醫中，他恐怕是唯一的醫師詩人了。單憑這個「唯一」，我們就該多少要注意他。古人説：「三百六十行，行行出狀元。」今日臺灣，三百六十行，如行行出詩人，豈非一大盛事？也證明臺灣詩文化已莽莽蒼蒼，深入人心？

　　從前唐太宗倡「以詩取士」，怡然自得曰：「天下英雄，盡入吾彀中矣。」他是怕英雄們學陳勝、吳廣揭竿而起造反，若一頭栽入詩歌中，都變成文人，天下也就太平了。不料他的政治謀略，卻創造了唐文化的繁榮昌茂。歷史上盛稱「貞觀之治」。不僅讚太宗的政績顯赫，也兼及唐文化的燦爛。詩象徵文化的靈性之靈性，舉國皆詩後，則文學、繪畫、音樂、史學，甚至連科學也跟著發達，而著名的「唐律」，就奠定了中國古典法制的基礎。韓愈的「文起八代之衰」，更提昇了文學的健康風格。唐玄奘赴印取經歸來，太宗隆禮請他在宮中講經，更造就了佛教在中土的大興。這一切一切，多少會因為詩歌擴大了唐人的心靈視覺的廣度、深度、包容度。影響所及，這以後，宋代名相范仲淹、王安石也工詩詞，大官歐陽修、蘇東坡等人更不必説了。中國唐宋明清四朝會有數百年生命，除了晚期不説，其中政治雖時有變化，大格局尚稱穩定。不像公元217～273年，短

短五十六年，羅馬就換了三十個統治者，只有一個統治者能平安病死在床上。唐以後，中國能延續一千多年強旺生命力，其一部分原因，是詩文能影響政治家品格、智慧，而後者又能影響各朝治績。

以上絮絮這許多閒話，主要點出：詩歌與民族生命力實有密切關係。不是我作狂言，今日臺灣如此亂，恐怕一部分根因，還是主政者不再學范仲淹、歐陽修，能政又能詩、文了。

詩既如此重要，我個人倒有個想法，吟詩賦詞應是每個人陶情養性的良方之一，也是表現個人高尚靈性的生活哲學之一。我們不可能要求每個人都是杜甫、李白、辛稼軒。我們只希望，社會上有較多的人喜歡吟詩、賦詞、綴文，則整個社會的精神氣質，就會改變了。

現在談談徐詩。統觀此集，鄙見竊以為其舊體詩水平較佳，新詩則較遜。其所以如此，據作者夫子自道，他九歲即讀童詩，以後又唸蘅塘居士編的唐詩三百首。這些年來，他又不斷向方家請益，甚至虛心接受他們斧正、修飾，始有今日之收穫。至於新詩，自「五四」運動胡適提倡白話詩後，以後歷經三次大演變。一是徐志摩等詩人，吸取英國浪漫派巨匠威茨華斯、辜魯律己、拜倫、雪萊等人的影響，抒情為主，輔以放縱想像，自由讚頌，大自然的種種瑰美。其間左派雖突出製作政治

詩，但在正統現代詩史上影響並不算大。另一波詩潮，是三十、四十年代卞之琳等人、以及五十、六十年代臺灣現代派詩人，則移植十九世紀後期法國象徵派的詩風（也包括德國里爾克等人的詩風），而此派大師韓波、馬拉梅、瓦萊利的詩，又深受波特萊爾的影響。波氏的名言是：「詩並非以真理為目的，詩就是它本身。」又說：「宇宙間萬事萬物不固定，只有透過我們永遠變動的感覺，始能認識它們。」最後，他歸結到：詩是表現我們的「深沉的自我，──我們的深沉心靈。」其主要藝術策略則是「暗示」，是不令讀者直接領會其意境，及其所傳達的對象。另外，三十年代英國名詩人奧登等人提倡的現代詩，認為詩不必專以寫美麗事物為主，如寫玫瑰夜鶯，及大自然美景等，詩可以寫日常生活中並不美的存在，如嬰兒的啼笑，鄰人的吵嘴等等（故瘂弦名詩〈上校〉中寫了「縫紉機聲」）。

　　以上三大詩潮及其新傳統，世澤先生不可能泅泳其中，因為，這些年來，他忙於自學、攻舊詩，已消耗他絕大精力了，我們不能強人所難。

　　徐的舊詩，以寫異國風光的作品，極值得我們注意。隨便舉個例子：

### 午夜太陽（挪威）三首選一

太陽午夜在天空，北角光芒耀眼紅；

永晝奇觀山雪美，海鷗伴客舞寒風。

### 冰　河（阿拉斯加、阿根廷、冰島）三首選二

藍天綠水雪峰間，北極海洋兩日閒；
冰島冰山冰褶疊，冰河碧白艷人寰。

刀山劍戟滿洋浮，一道彩虹動客舟；
崩裂瞬間天地撼，破冰之旅賞心遊。

### 鐘乳石洞（南斯拉夫）

蜿蜒入洞通幽處，鬼斧神工景象奇。
舞影琴聲多幻化，似人似物任君思。

這些旅遊詩，有模有樣，夠一定水平。主要因為，一幅幅異國風光豐富了內涵，令未出國的讀者一開眼界，甚至耳目一新，徐先生暢遊六十一國，不少奇異見聞，悉入詩中。從前唐詩人高適、岑參寫西域戰爭詩，所以能選入唐詩三百首，正因為呈顯了異國風光、情調。拜倫本無籍籍名，但他的「契爾德、哈羅德」（實為契爾德、哈羅德旅遊）一出版，史家說：「他一夜醒來，忽覺名滿倫敦。」而法國韓波最不朽的長詩所以是〈醉舟〉，也由於詩中裸視了很新鮮的異域光色。徐詩自不能相提並論。但異國光、色、香、味，確助其詩溢瀉一定的新穎度。

其次，集中男女戀詩，也有一些特色，雖然稍嫌樸素點，卻不失真情。茲舉五首為例：

### 真　情

笑裡低聲語，相看無限情；
甜言猶在耳，舉止露眞誠。

### 傳　情

芳心原欲訴，見面卻無言；
柳眼傳深意，蒙君一笑溫。

### 薄　情

軟語溫存像朵花，遺留香氣莫浮誇；
麗詞佳句成虛妄，脈脈愛情似薄紗。

### 春　遊

碧草茵茵花影重，深深腳印留芳蹤。
低低細語眞心露，朗朗笑聲愛意濃。
執手依依追往事，鎖眉悄悄憶初衷。
願君今日遲遲去，脈脈溫情成長中。

### 款款深情

融融暖意兩相偎，悄悄低聲笑語陪。
陣陣溫情感肺腑，層層熱愛暢胸懷。
依依不捨心神會，脈脈交流眼界開。
日日凝思夜夜想，頻頻電喚好音來。

　　徐的舊體詩，各體具備，有古風今詠、五絕、七絕
、五律、七律。色色俱全，真是難為他。其中以長詩〈
張家界風景線〉，寫景傳神，氣勢貫注，允稱佳作。

　　徐的新詩〈跨洲大橋〉、〈擁抱地球〉，頗有氣魄，也特寫了他的旅遊經驗。但他的這類詩全很通俗，甚受一些名醫欣賞。尤其如〈養生吟〉、〈老伴吟〉和〈白衣天使〉等首。輔仁大學教授Dr. Zsoldos通十國語言，也懂得一點漢語，賞其詩淺顯易解，願譯成外文。兩人合作，便譯成英、法、德、西等四國文字，連中文是五國，印成《詩的五重奏》一冊，外語與漢語對照。這也可見，詩淺顯易懂，則容易獲得較多讀者。

　　總之，目前文藝界正提倡「全民寫詩」，企圖把詩大眾化，在這一潮流下，醫師詩人世澤先生如此熱心寫詩，肯定會贏得大家的尊敬。

　　最後，我要解釋，為何我名此詩集為「翡翠詩帖」？主要是：與世澤先生相交有年，我很欣賞他有一顆可愛的心靈。他為人醇厚高尚，寬宏大量，肯關心他人，尤其是樂於助人，所以我稱他擁有一顆赤子之心。這種心靈就像翡翠一樣可愛。以他目前如此熱心詩藝，我希望他銳意更上層樓，終能寫出像翡翠一樣光彩奪目可愛的詩，雖說他現在有些詩篇也很可愛。

　　我贈以「翡翠詩帖」，是對他最大的期待。

2001年8月

# 翡翠詩帖

## 目　錄

㈢七　絕

## ㈥詩　餘

## 第二輯　現代詩

第一輯　古典詩

# (一)古風今詠

## 張家界風景線

時維冬月廿五日，走進湖南張家界。
寰宇聞風皆奮起，奇山異峰撲面來。
自然景色極瑰美，天門山中洞大開。
崢嶸奇偉百丈峽，懸崖削壁一排排。
民族風情真獨特，森林公園黃獅寨。
慄悍猛險似雄獅，蜿蜒曲折爬台階。
纜車直達六奇閣，樹木遮天日漏射。
萬峰聳立似盆景，天書寶匣夫妻岩。
松雲變化勝黃山，高聳入雲金鞭崖。
七座橋墩極整齊，千泉百瀑翠玉飛。
天子山邊祥雲履，千丈懸崖均險崖。
養在深閨人未識，挺拔奇峰帶妖媚。
雲青岩上見御筆，紅霞滿天筆生輝。
仙女獻花露微笑，金雞報曉點將台。
天兵聚會三十峰，威勢陣容大氣概。
仙人石橋凌空架，神堂灣底只俯窺。

千峰爭秀索溪峪，十里畫廊稍徘徊。
天下魔宮黃龍洞，雙龍接吻甚奇怪。
洞內大廳容萬人，龍頭逼真美姿態。
暗河行舟兩公里，恍透幽深百二疊。
仙翁對話面對面，寶峰碧湖天上來。
潺潺流水珠瀉落，蒼翠林木似翡翠。
世界遺產武陵源，原始風光超世界。

2000.12.20

# 晚景無限好

無官一身輕，寰宇任遨遊。
樂和人交往，真誠少怨尤。
莫嘆世炎涼，文藝度春秋。
讀書如飲食，誦詩別苗頭。
瀟灑滿快意，不求名與酬。
遇友須盡歡，放歌萬慮休。
體健豪情在，病魔豈足憂。
死亡乃常態，時光自在流。

2000.4.1

## 老　化

眼睛經常閉，嘴巴難張開。
腦筋還清楚，說話如含莓。
聽後有反應，哼聲費疑猜。
全身肌無力，四肢瘦如柴。
頭仍相當大，身萎如小孩。
軟食要人餵，大便出不來。
小便已失禁，隨時要人揩。
時受針刀痛，老病最可哀。

2000.8.9

# ㈡五　絕

## 眞　情

笑裡低聲語，相看無限情；
甜言猶在耳，舉止露真誠。

1990

## 傳　情

芳心原欲訴，見面卻無言；
柳眼傳深意，蒙君一笑溫。

1990

## 單　戀

年華空度過，花燭了無期；
整日徒長嘆，含情欲告誰？

### 其二

和風吹翠葉，閒坐荷池傍；
不負相思意，遙看狄克楊。

1990

## 舊情復燃

風逝往年事，深情永不移；
殷勤頻致意，妙在無人知。

1990

## 卡普利島藍洞 (義)

卡普利藍洞，日光折射濃；
小船穿孔過，妙在不言中。

1995

## 橋歸路 (荷蘭)

荷蘭有活路，升起讓船行。
過客飛車至，板橋纔現形。

1995

註：荷蘭河多堤岸低，板橋可定時升起讓船行，放下是一
　　完整的馬路。余旅荷兩次，在阿姆斯特丹停留六天，
　　也只見過一次。

## 在冰河上乘摩托車（冰島）

冰河摩托過，雪水兩邊流；
大地茫茫白，難忘在北歐。

1997

註：一九九七年六月三十日遊冰島。

## 偷　情

法律明文定，有夫不動心，
俊男頻表態，少婦落香衾。

1988

## 示　好

與君相敘罷，心境豁然開，
揮手含深意，盼君明日來。

1988

## 玉　手

執手無言説，纖纖玉指柔，
滾圓觸皓腕，嫩滑桂香浮。

1992

## 留　香

夜深人欲去，聚散苦匆匆，
汗手遺香漬，此情味更濃。

1992

## 送　別

今宵歡送別，何日喜相逢？
電話須勤打，聞聲知笑容。

1993

　　註：「勤」與情諧音。

## 人妖秀 （泰國）

滿室美人胎，歌聲舞影來。
多因喉結在，妖綺始傳開。

1994

## 庫沙達西 （Kusadasi ）市觀落日
（土耳其）

海濱觀落日，水色起紅波；
飽啖一餐後，帳單千萬多。

2000

註：摩沙達西喬治大飯店在愛琴海東岸，平台上設餐桌，
　　旅客進晚餐，觀落日，水波，聽濤聲，一餐下來，每
　　人須化費土耳其一千萬里拉（相當臺幣五百元）。

## 愛琴海灘 （希臘）

夏至愛琴海，遊人泳海邊；
嘩嘩波起伏，遙望水連天。

2000

## 峽灣雜感 (挪威)

桃源何處覓?肯定在挪威。
寧靜峽灣裏,遊人樂不歸。

1997

## 印度洋上觀日出 (南非)

朝霞伴曉月,彩幻映雲端;
洋上升紅日,光環繞玉盤。

1996

註:一九九六年十二月十一日在南非德班假日大飯店十六
樓一六一三房間所見(當天是我國農曆十一月一日)

## 夜宴德班東方餐廳 (南非)

彩燈新壁飾,畫扇故鄉情;
美酒溫馨感,難忘斐國行。

1996

註:一九九六年十二月十六日於南非德班,時爲耶誕節前
夕,在東方餐廳夜宴的場景。

## 美國皇宮（夏威夷）

美國有皇宮，令人墮霧中。
歐胡島內覓，格局小而同。

1996

註：皇宮在歐胡島（檀香山）內。

## 南極夜光雲（阿根廷）

無日又無月，夜空見白雲；
南方光耀眼，勝過夕陽曛。

1997

註：一九九七年二月十四日八時，在火地島南方天空見一
大片白色夜光雲。

## 火地島氣候（阿根廷）

三天前大雪，今日太陽紅；
忽又飄微雨，寒風澈骨中。

1997

註：火地島氣候瞬息萬變，非身歷其境者，無法體會。

## 觀賞嘉年華會 (巴西)

歌舞昇平夜，狂歡萬里來。
花燈車不斷，睡眼閉重開。

1997

註：在巴西里約熱內盧觀賞嘉年華會，下午五時半帶便當
進場，一直到深夜三時始返旅社。

## 垂老吟

早知人必死，來日剩無多；
定靜除焦慮，吟詩鬥病魔。

1990

## 探友病

日前探友病，往事互通情；
旋問余尊姓？令余吃一驚！

1991

## 空中轉診夜景

轟轟驚我醒，窗外見行星；
樓頂三燈引，蜻蜓送病人。

1989

## 塞　車

咫尺天涯遠，塞車四小時；
午餐成泡影，糕果以充飢。

1990

## 校友會餐

今宵校友會，同學勝家人；
充滿溫馨感，交談笑語頻。

1990

## 詩的沒落

唐詩余所好，拙作少知音；

格調雖精美，今人多不吟。

1991

# ㈢七　絶

## 午夜太陽（挪威）

太陽午夜在天空，北角光芒耀眼紅；
永晝奇觀山雪美，海鷗伴客舞寒風。

### 其二

草木不生野意新，雲霞映雪艷無塵；
岬高風暴添寒氣，永晝紅暉北角濱。

### 其三

太陽不落海平面，登上地球最北端；
永晝天光書可讀，孤高岬角濕風寒。

1997

註：一九九七年六月二十七日及二十八日在挪威北角親見
　　午夜的太陽，全天二十四小時均見到太陽。

## 冰河（阿拉斯加、阿根廷、冰島）

藍天綠水雪峰間，北極海洋兩日閒；
冰島冰山冰褶疊，冰河碧白艷人寰。

### 其二

冰河起降直升機，黑白墨藍色色奇；
側耳傾聽聲格格，原來是向海洋移。

### 其三

刀山劍戟滿洋浮，一道彩虹動客舟；
崩裂瞬間天地撼，破冰之旅賞心遊。

1997

註：余曾於一九九五年九月、一九九七年二月及七月暢遊
　　三地冰河。

## 鐘乳石洞（南斯拉夫）

蜿蜒入洞通幽處，鬼斧神工景象奇。
舞影琴聲多幻化，似人似物任君思。

1995

註：一九九五年八月二日在原屬南斯拉夫的斯拉夫列加，
　　參觀Pastojnska Jama鐘乳石洞所見。

## 薄情

軟語溫存像朵花，遺留香氣莫浮誇；
麗詞佳句成虛妄，脈脈愛情似薄紗。

1986

## 滑雪表演（挪威）

高至雲霄滑雪台，遙看朵朵小花開；
俊男俏女飛騰下，宛若群仙天上來！

1997

註：滑雪者多爲二十歲左右男女，著顏色不同的裝備。

## 峽　灣（挪威）

雪峰翠谷映清流，山色湖光傲北歐；
兩岸懸崖千丈瀑，幽奇峻美不勝收。

### 其二

眼前水盡無航道，山卻依然有路通；
奇石斷崖皆美景，飛鷗倒影映晴空。

1997

## 羅恩湖夜遊（挪威）

一葉扁舟兩隻鷗，三人垂釣渡船頭；
雪峰十座翠湖繞，樂得陽光伴夜遊。

1997

註：一九九七年六月十九日夜十時，在挪威羅恩（Loen）
　　湖畔夜遊所作。是時陽光仍在照耀著。

## 莫斯科紅場 （俄）

聖地紅場已變相，列寧陵寢展時裝；
宮牆附近名牌店，馬克思前廣告香。

1997

> 註：莫斯科紅場在克里姆林宮東側，原是聖地，供遊客謁
> 列寧陵寢。目前已變成商場。馬克思像前對面大做資
> 本主義色彩的廣告。

## 花園城市布拉格 （捷克）

布拉格城美絕倫，千年建築古猶新。
綠林紅瓦如花藝，查理士橋雕塑真。

1998

> 註：捷克首都布拉格為歐洲最美的花園城市，尤以建築著
> 稱。查理士橋上的雕塑屬高級藝術品，橋上可見四處
> 綠樹紅瓦房如花似錦，令人賞心悅目。

## 鬥牛士自嘆 （西班牙）

人獸相仇殺戮場，黃沙染血近痴狂。
鬥牛譁眾終須老，自嘆兇殘勝虎狼。

1995

## 棉堡石棺（土耳其）

當年只是葬豪門，豈料今朝伴石墩；
追憶兩千年往事，宛如春夢了無痕。

2000

註：棉堡是土耳其著名景點。其石棺係東羅馬帝國皇宮遺
　　物，入葬的富豪貴族屍骨已全無。

## 白金漢宮（英）

禁衛輪班美譽馳，萬人爭看古雄姿；
威風凜凜軍容壯，皇室尊嚴仍保持。

1995

## 羅浮宮三寶（法）

麗莎微笑雙睛轉，維納斯姑露淑容；
勝利女神飄衣裾，珍奇盡在羅浮宮。

1995

註：麗莎指蒙娜麗莎。

## 巴黎女郎 (法)

自由氣質綺羅身，麗質天生韻味純；
魅力風情多放任，笑談飛眼更迷人。

1995

## 龐貝古城 (義)

龐貝古城建築奇，瓦房壁畫具良規；
浴池鉛管花園美，密室春宮勝漢時。

1995

註：龐貝古城係於西元七十九年時，遭維蘇威火山所掩埋
，深信龐貝城於西元前即興建。

## 威尼斯泛舟 (義大利)

一片汪洋百島浮，水都賞景泛輕舟。
歌聲悅耳和聲雜，笑傲人生樂此遊。

1995

## 鐵力士山（瑞士）

鐵嶺翠峰上一遭，重重柳絮積山腰。
滑場冰洞天池水，放眼叢林似幼苗。

1995

## 盧森湖（瑞士）

盧森湖水平如鏡，畫舫彩帆盡興遊。
草綠山明飛薄霧，恍如西子在歐洲。

1995

註：西子指中國西湖，宋詩有「若把西湖比西子」句。

## 巴那頓湖（匈牙利）

鐵漢來遊鐵哈尼，巴湖風景世間稀。
帆船成隊如詩畫，金色泥墩映夕暉。

1994

註：鐵哈尼是巴那頓湖上之半島，風景優美。

## 雅典賞月 （希臘）

雅典天空乾又淨，今宵月色更清明。
倚欄賞景難成寐，世界詩人戀此城。

2000

註：二〇〇〇年八月十三日（我國農曆七月十四日）余下
　　塌雅典喬治大飯店，午夜賞月。

## 奧林匹克體育場 （希臘）

奧林匹克競奔馳，雅典倡行天下知。
一百年來光耀世，立碑紀事展新姿。

2000

註：體育場內列有四座石碑，記載歷屆舉辦之時間與地點
　　，以及歷屆委員會主席芳名。

## 西薩洛尼奇（ Thessaloniki ）市 （希臘）

碉堡高高海岸長，紅圓屋瓦石城牆；
東羅帝國多遺跡，正教堂前燃燭光。

2000

註：此市在希臘北部，沿愛琴海建城。希臘人入東正教堂
　　點燭，相當於我國人敬香。

## 熊布朗皇宮 （奧地利）

奧皇喜愛中華物，名畫並陳景德瓷。
更有餐廳升降桌，重金禮聘漢廚師。

1995

註：皇宮內設有「中國餐室」及「中國畫室」各一間，分
　　別在鏡廳兩旁。

## 阿姆斯特丹國家博物館 （荷蘭）

琳琅滿目觀名畫，人物表情妙入神。
一室高懸難靠近，遙看彩筆幻為真。

1994

## 黛安娜車禍喪生 （英、法）

黛妃國色入皇家，天賜良緣世所誇。
怎奈郎心鬧暗戀，佳人意亂死於車。

1997

註：英國太子妃黛安娜鬧婚變，於一九九七年八月三十日
　　午夜，在巴黎車禍喪生。

## 參觀猶太集中營（波蘭）

納粹恨猶手辣狂，奧營設計費周章。
潔身灌毒焚屍體，終致希魔自取亡。

1998

註：奧營全名是奧斯威辛集中營，在波蘭境內，第二次世
　　界大戰德軍毒殺四十五萬猶太人的場地。

## 遊多瑙河（匈牙利、斯洛伐克）

多瑙名河舉世知，決決河水浴靈犀。
今朝來此一遊樂，藍色粼粼滿載詩。

### 其二

風光綺麗水興波，橋上行車倏忽過。
古堡雄姿仍健壯，當年抗敵賴斯河。

### 其三

寰宇詩人乘一舟，同餐共飲話從頭。
名河暢覽心情悅，四海之家今世酬。

1998

註：匈牙利首都與斯洛伐克首都均有多瑙河遊船。也可以
　　夜遊。

# 克魯格野生動物園即事

## 其一

公象形單倍感傷，雄獅志得意昂揚；
水牛斑馬共同體，猴子攀車乞食忙。

## 其二

野生動物喜相迎，獅豹奔馳鳥雀鳴。
幼象受驚母象怒，車頭猛撲客心驚。

1996

註：一九九六年十二月七日遊南非克魯格國家公園所見的
　　景觀及驚險的鏡頭。

# 階梯金字塔 (埃及)

開羅古塔五千年，階共五層建石堅。
沙襲風吹仍屹立，線條美感亦依然。

1996

註：此塔約四千六百餘年歷史，至今五層線條仍清晰。

# 埃及古蹟 (埃及)

文化迷人舉世珍，維修困難毀獅身。

旅遊考古傳奇地，盡力保存國庫貧。

1996

註：埃及政府爲了保存人面獅身像，設法撥助經費維修，
　　惟技術上尙有困難。

## 密歇根湖（美國）

芝城建築冠全球，密歇根湖景最優。
臨水高樓觀夕照，微波柳岸耀伊州。

1995

註：①芝城指芝加哥。②伊州指伊利諾州。

## 紐澤西州楓紅（美東）

紐澤西州楓樹紅，淡黃深綠夾其中。
秋光美景添山色，樂得遊人展笑容。

1996

註：余於一九八五年九月和一九九六年九月兩度紐澤西州
　　之旅，均見楓紅美景，心情舒暢。

## 美國白宮 （美東）

白色牆垣地不大，房間陳設欠豪華。
花園景物尚平淡，總統名人住此家。

1997

## 華盛頓賞月 （美東）

一年明月此宵圓，傑佛遜前拜昔賢。
湖水粼粼碑倒影，永懷正氣壯山川。

1998

註：在華盛頓傑佛遜紀念堂前賞月、華盛頓紀念碑的湖中
　　倒影，引人遐思。

## 杜桑喜雨 （美西）

一年難得下場雨，遠客光臨帶雨來。
院長歡欣忙接待，地方紳士喜相陪。

1993

註：杜桑屬阿利山那州，余於一九八二年二月參訪。

## 舊金山金門大橋（美西）

藏在迷濛涼霧裏，潮聲雷動過橋聞。
長斜馬路車行速，振翼海鷗戲白雲。

1995

## 仙人掌（美西）

荒漠之中挺傲然，黃沙烈日任熬煎。
瓊花脫穎為時短，驚醒世人直喚仙！

1995

## 訪旅美友人感賦（美西）

移民奮鬥以求生，廿載有成華屋營。
寬廣客廳無字畫，唯聞隔壁打牌聲。

1999

註：余在洛杉磯訪友人有感而發。

## 尼加拉大瀑布（美加）

萬里奔騰煙雨濃，水珠飛岸轟隆隆。

髮絲彩幻美如錦，艇近瀑邊貫耳風。

1996

## 伊瓜蘇大瀑布（巴西、阿根廷）

阿根廷境雨林盈，魔鬼咽喉煙霧生。
又見彩虹橋上過，千軍萬馬瀉濤聲。

1997

註：余於一九九七年二月十二、十三日遊覽伊瓜蘇大瀑布
　　，在阿根廷境內觀賞魔鬼咽喉形成的盛景，配合巴西
　　境內所見的魔鬼峽十四道瀑布壯觀氣勢，感嘆大自然
　　的美妙。

按：伊瓜蘇大瀑布高八十二公尺，寬三公里。比尼加拉大
　　瀑步還要高二十七公尺，寬一倍半。由兩百七十五道
　　小瀑布組成，雄偉壯觀，具自然純樸之美。

## 墨西哥市

兩千多萬墨人居，最大都城名不虛。
百里方圓高廈少。低薪生活苦無餘。

1999

註：墨西哥市是世界第一大都市，擁有兩千萬人口，人民
　　低薪生活，苦無積蓄。國際機場上有乞丐索錢者。

## 阿卡波爾科素描 (墨西哥)

滑翔傘繫任風飄，汽艇扁舟浪上搖。
小島躍身超特技，引人遊覽夢魂遙。

1999

註：阿卡波爾科臨太平洋，是一渡假勝地。

## 世界詩人大會會場即景 (墨西哥)

世界詩人各處來，白頭黃髮笑顏開。
交流英語多能懂，詩作如何任你猜。

1999

## 多巴湖月夜 (印尼)

波平浪靜月光明，湖畔夜燈亮且清。
隱隱青山難掩色，人船俱寂只蟲聲。

1995

## 檳　城 (馬來西亞)

百分八十是華人，都市繁榮景物新。

媲美獅城中國貌，今朝遊此亦驕矜。

1994

　註：獅城指新加坡。

## 吉隆坡國家博物館（馬來西亞）

一床六枕回民俗，四位嬌妻睡若何？
兩大為頭四墊足，一床一個美人窩。

1994

　註：回俗一夫四妻，一床置兩大枕四小枕，有人誤以爲四
　　　小枕供四妻同床。

## 新加坡市容（新加坡）

獅城整潔氣清純，總算華人治國真；
地少民稠高建築，五年一刷宛如新。

2000

　註：新加坡國宅租貸九十九年，政府每五年負責粉刷一次
　　　，宛如新建。

## 馬六甲之中國山（馬來西亞）

一萬二千大小墳，鄭和井水救華人。
忠貞足式為盟國，今日來遊倍覺親。

1994

註：中國山又名三保山。山腳下有三保廟、三保井。山旁
　　有抗日蒙難華僑紀念碑等古跡。

## 菲　傭（亞太地區）

背井離鄉為報酬，六天工作一天休。
教堂車站齊相聚，速食餐廳訴旅愁。

2000

## 感性之旅（泰國）

異國風情現代裝，自然簡潔線條長，
柔和感性造型美，笑意盈盈迎漢郎。

1994

## 波卡拉費娃湖（尼泊爾）

魚尾峰尖雪玉晶，朝陽照耀現嬌鯨；

費娃樓頂觀奇景，喜馬高山萬載名。

　　　　　　　　　　　2001


## 神牛逛街（印度）

彼邦牛隻視如神，鎮日橫行要路津；
獸命為尊人道賤，交通擁塞豈無因。

　　　　　　　　　　　2001

　　註：印度法律規定，撞傷牛，判刑六個月，撞死牛，坐牢
　　　　六年。


## 跨洲大橋（土耳其）

伊斯坦堡好優遊，十里長橋跨亞歐；
古跡千年人共仰，基回教戰血痕留。

　　　　　　　　　　　2000

　　註：伊斯坦堡博斯普魯斯海峽上，有一連接歐亞兩洲的跨
　　　　洲大橋。至為壯觀。


## 里約熱內盧耶穌像（巴西）

客車直上石峰坪，基督臨空看里城。

降福巴西人共仰，嘉年華會慶昇平。

　　　　　　　　　　　　　　1997

註：里城指里約熱內盧。


## 印加帝國馬丘比丘廢墟 （秘魯）

可嘆印加無國字，梯田建物顯奇能。
西文教化今猶在，憑弔廢墟思結繩。

　　　　　　　　　　　　　　1997

註：印加帝國無文字傳世，是以結繩記事。目前秘魯使用
　　西班牙文。


## 遊亞馬遜河 （秘魯）

藍天黃水白雲飛，熱帶雨林映璧暉。
兩葉輕舟飛躍過，風情萬種樂忘歸。

　　　　　　　　　　　　　　1997

註：余於一九九七年二月四日及五日遊秘魯境內的亞馬遜
　　河。

## 吐絲螢（紐西蘭）

岩洞舟行四壁空，繁星明滅放光蟲。
垂絲引捕昆蟲食，穴頂奇觀天象同。

1995

註：上萬的螢光，好像天象館的繁星點點。

## 環遊世界有感

天鵝喜向遠方游，振作精神繞地球。
寰宇搜奇驚嘆罷，難忘遊樂險中求。

2001

註：余於五年間，遊罷六大洲六十一國後，經過埃及、南
　　非、秘魯、阿根廷、印度等國多次驚險，有感而發。

## 外灘夜景（上海）

外灘經改浦東先，陸上交通海底連。
高廈明珠燈似錦，遊輪歌舞月侵筵。

2000

註：浦東建有「東方明珠」等許多高樓大廈，最高有八十
　　八層。

## 秋瑾像（杭州）

巾幗英雄不後人，為民為國竟忘身。
手持寶劍孤山伴，白玉精雕貌似神。

2000

註：此立像係一九八一年重建。

## 黃鶴樓（武漢）

蛇山頭上建新樓，黃色琉璃寶頂留。
壁畫楹聯添古趣，憑欄西望大江流。

### 其二

鶴杳樓高故事傳，風光神韻勝從前。
山形江景相輝映，配置園亭亦井然。

### 其三

江漢合流匯楚城，蛇山黃鶴已無聲。
登樓縱眼三湘外，一讀鴻篇一愴情。

2000

張家界的御筆峰　　　　　挪威北角午夜太陽

余夫婦在冰河上乘摩托車

阿拉斯加冰河崩裂 1995.9.

阿根廷冰河

挪威冰河

莫斯科紅場

希臘奧林匹克體育場　　　　白宮總統會客室

多瑙河上作新詩 1998.8.23.

埃及金字塔

華盛頓賞月（見華盛頓紀念碑）

加拿大境內尼加拉瓜大瀑布

跨洲大橋（土耳其）

巴西里約熱內盧耶穌像

秘魯馬丘比丘廢墟

拙政園可見十里外的寶塔

登八達嶺（萬里長城）

## 三潭印月 (杭州)

湖中大島小瀛洲，坡老當年屢唱酬；
翠柳滿隄輕拂面，三潭印月眼中收。

2000

## 拙政園 (蘇州)

入門恍似大觀園，真水假山枝葉繁。
勝地頻年留勝景，遙看寶塔更銷魂。

2000

## 岳麓書院 (長沙)

有宋從知理學昌；晦翁曾此設鱣堂；
考亭一派垂佳則，岳麓榮名百世彰。

2000

## 登八達嶺 (北京)

蒼茫陡峻與雲平，塞上曾屯百萬兵；
此日雄關供勝覽，一紓心志望河清。

2000

## 布達拉宮（西藏）

布達拉宮貌岸然，紅宮後建白宮先。
千餘房屋多陳設，屋脊明珠接近天。

### 其二

金碧輝煌金頂高，佛堂金像傲當朝。
莊嚴氣勢經輪轉，風馬旗飄宮影搖。

1997

註：①布達拉宮號稱世界屋脊上的明珠。人世間最接近天
　　　上的一片土地。其金頂高一百一十五公尺餘。
　　②宮內有轉經輪，以代替唸誦輪上的經咒。
　　③風馬旗或稱經幡，懸掛於屋頂、山巔之上、隨風搖
　　　曳。宮前有一大池塘，可見全宮倒影搖動。

## 燕子磯（南京）

失意登臨燕子磯，壯哉孤嶼近京畿。
懸岩空有欄杆在，飛下長江永不歸。

1995

註：燕子磯位於南京近郊長江邊，經常發生失意者跳江自
　　殺事件，類似美國舊金山之金門大橋。作者一九四七
　　年七月來此遊覽。

## 頌慈濟醫師（花蓮）

慈濟精神救眾生，杏林先進樂其成。
不為自己謀名利，無限愛心留善行。

1996

## 澄清湖曲橋釣月（高雄）

美如西子水波輕，九曲橋端釣月明。
岸樹茂林齊倒影，湖光夕照更知名。

1999

註：「曲橋釣月」是張群題字，該碑豎立在九曲橋端。

## 金門古崗樓（金門）

古崗樓畔古崗湖，水自山泉永不枯。
遠眺層巒觀候鳥，民安若堵展鴻圖。

1994

## 北關龜山島（宜蘭）

萬頃波濤往復回，北關覽勝有亭台。

東看碧綠一孤島，直覺神龜浮水來。

1993

## 登山賦詩（臺北）

花香鳥語登山遊，策杖背包遇古丘。
春色無邊詩興湧，高朋湊句樂悠悠。

1995

## 天母國際街（臺北）

美食馳名國際街，聞香品味看招牌。
亞歐各式任君選，中外嘉賓伸雅懷。

1999

註：國際街指天母西路一帶。

## 重　逢

日日思君心事重，朝朝盼望再相逢；
席間人雜情難訴，微笑點頭意已通。

1990

## 驚　豔

昔日名花絕世姿，回眸一笑引遐思；
席間無語千般意，風韻依然似舊時。

1990

## 校　花

杏林春暖群英會，昔日校花亦趕來；
幾位汰員多愛惜，當年勝將已成灰！

1993

## 殉　情

玉骨冰肌苦守貞，死心塌地動真情；
此生只合為郎死，報上花邊見姓名。

1986

## 情竇初開

煩憂籠罩我心扉，異性敲肩情竇開；
刻骨相思常入夢，真誠等待你追來！

1987

## 愛情長跑

難捨難分十八年，如痴如夢有姻緣；
合心合意齊牽手，相契相知笑語連。

1987

（本詩共有四個疊語，聊博一笑。）

## 風韻猶存

風姿綽約似中年，老尚多情分外妍；
佳話美談頻逗趣，眉開眼笑意綿綿。

1988

## 喜　訊

喜見航郵笑眼開，愛兒已舉合歡杯；
魚書彩照齊飛出，儷影雙雙迎面來。

1991

## 賢內助

溫柔敦厚又深情，喜見內人比我行；

侍奉小心聽指使，一生相處賴真誠。

1991

## 花　香

妳是紅花我綠葉，我能扶助妳芬芳；
相依一起多嬌艷，愛侶連誇妳很香。

1989

## 心理治療

君心難解醫師意，臉上殷勤是藥方；
醫學不能除恐懼，精神作用助君康。

1989

## 遇　雨

烏雲片片雨濛濛，傘下真情畢露中；
身手緊依涼意去，天公作美電流通。

1989

## 遲　到

秋水長天無盡頭，蒙君約我到芳洲；
涼風灌滿君衣袖，未怪我遲我自羞。

1986

## 禁　足

蒙君熱戀苦無方，家長阻撓禁出房；
安得我身今似電，明燈悄悄照君旁！

1986

## 來　電

相談片刻心靈合，總覺聲音似電流；
使我全身均發熱，兩情相悅共尋幽。

1987

註：來電意即談得來。

## 痴　情

濃抹淡妝總入時，眼波方動引遐思。

含情欲說心中事，復恐旁人笑我痴。

1988

## 性騷擾

初春冷手太輕浮，何事敲肩斜著頭？
如此擾人君失禮，胡來怎可不含羞。

1988

## 唇　印

說話溫柔暗遞馨，笑聲滋潤我心靈。
襯衫留下紅唇印，永保芬芳刻骨銘。

1986

## 鑽石婚

此愛綿綿六十年，白頭偕老用情專。
心靈交織恩難斷，相約來生再結緣。

1986

# 人間四月天觀後吟

### 一、徐志摩

風流瀟洒負文名，人在花叢喜用情。
無奈陸姝揮霍甚，西潮洗禮誤前程。

### 二、張幼儀

父母叮嚀崇四德，夫君冷語倍心傷。
劍橋伴讀學英語，處境堪憐枉斷腸。

### 三、林徽音

當年相識在英倫，結伴論詩並賞春。
幾度康河萌愛意，明眸皓齒更迷人。

### 四、陸小曼

春香鬧學種情苗，體態婷婷善舞腰。
狂熱追求花引蝶，新歡合拍趁時潮。

2000

# 照　鏡

對鏡端詳心發慌，細看頭上掩飛霜；
初疑白色纖維染，清洗始知兩鬢蒼。

1988

## 長　壽

人言長壽是鴻福？長壽老人甚覺孤；
照顧起居防跌倒，一人長壽兩人扶。

1989

## 生與死

來如流水去如風，恍若人生一夢中；
不得不流流入世，飄飄逝去亦無蹤。

1989

## 痛不欲生

加護病房設備新，紛紛插管令人嗔；（嗔就是發怒）
腦筋清醒心招損，如此求生甚苦辛！

1989

## 亂求醫

無法安心病在床，沉疴何處覓良方；
生機一線仍求治，草藥密醫都考量。

1989

## 風濕病人

兩腿微酸半欲扶，不堪雨喚與風呼；
轉陰氣象毋須報，電話一通問老夫。

1989

## 悼沈力揚醫師

悟篤亭前悼力揚，陽明花季更芬芳；
杏林史冊留功績，地下逢盧論處方。

1986

註：悟篤亭係紀念沈力揚醫師建在陽明山上。適與光舜亭
　　并立，光舜亭係紀念盧光舜醫師。盧沈二氏均為外科
　　名醫。

## 陽明公墓

在位權謀今若何？荒丘叢葬鬼魂多！
夜遊經過磺溪路，常聽林間奏輓歌。

1988

註：陽明公墓建在磺溪路（由石牌行義路往陽明山之捷徑）
　　旁小丘上。據說該處夜間鬧鬼，故作此詩。

## 詩詞身後事

余在騷壇沾上邊，詩詞滿口亦欣然；
時人莫笑余痴甚，或可流傳千百年！

1988

## 徐秤莊

徐達裔孫痛國亡，埋名隱姓向東藏；
歷經數世成村落，遺澤長留徐秤莊。

1987

註：徐秤莊隸屬蘇北，在安徽之東。詩內嵌有徐、世、澤
　　三字。

## 事　變

槍林彈雨突然來，身陷重圍當炮灰；
匍匐爬行圖不死，迄今回味有餘哀。

1987

## 犬　性

逛街小犬搶先去，走到巷前忽自回；

發現主人原地站，舉頭搖尾狀如孩。

1987

## 野　墓

許莊墓地甚淒涼，荒草野生倍感傷。
蛇鼠穿梭魂欲斷，殘骸使我更驚慌。

1987

註：許莊墓地位於徐秤莊與范家莊之間是野墓，俗稱「亂
　葬地」。此是描述一九四四年之事。

## 蘭與竹

四時花卉互爭榮，短暫芬芳過便空；
惟有山中蘭與竹，經春歷夏又秋冬。

1987

## 幻　覺

九曲橋端樹兩株，陰涼助我好看書；
微風吹動喃喃語，意識斯人是老徐。

1988

## 新　居

新居天母七層樓，國際名街日夜遊。
窗對陽明勤寫作，鬧中取靜創嘉猷。

1999

註：⑴天母西路號稱“國際街”。
　　⑵陽明指陽明山。

## 父親節感懷

養兒防老成虛幻，子女高飛巢已空。
守住年金才保險，不然晚景變貧翁。

1999

## 颱　風

十級強風百籟喧，傾盆大雨隔窗聞；
突然停電天昏暗，大小人家水到門。

1986

## 日月爭輝

晴空萬里一藍天，西月東陽耀眼前；
雙照爭輝成美景，人生難得淨無煙。

1991

## 論　詩

不論新詩與舊詩，好詩自會有人知；
多元社會多風貌，韻律詞章亦合時。

1992

# ㈣五　　律

## 阿姆斯特丹中秋（荷蘭）

今夜中秋月，荷蘭未見明。
海堤波撲岸，磚道雨敲琤；
花圃多詩味，風車乏水聲。
窗帘高格調，猶憶紅毛城。

1994

## 冰島印象

朝食無雞蛋，樹高不及人。
火山灰滿岸，地熱浴強身。
國土美軍駐，漁民保警巡。
冰河幾占半，菜賴荷蘭輪。

1997

註：冰島食物及日用品，除魚類外，均仰賴荷蘭等國進口。

## 茶　餐 （臺灣）

茶葉去油膩，減肥肉味香。
金萱烹鴨汁，鐵片燉雞湯。
翠玉劍蝦棒，烏龍排骨強。
鶴山宜渡假，極品供君嘗。

1990

註：鶴山茶餐在花蓮縣境內

## 基隆港 （臺灣）

一見基隆港，瞬間思故鄉。
河寬相近似，船大顯高昂。
國際來遊客，人間去遠航。
自由誠可貴，海鳥任翱翔。

1989

## 詩人節感賦

歡渡端陽節，屈原千載名，
離騷提警覺，投水表忠貞。

墨客詩猶盛，龍舟賽未停，
汨羅江上鳥，仍作不平鳴。

1992

## 環境污染

日光空氣水，清潔已難尋，
煙霧侵人肺，濁流傷我心。
河川遭色染，林木受汙深，
工廠集中地，藍天不復臨。

1988

## ㈤七　　律

### 春　遊

碧草茵茵花影重，深深腳印留芳蹤。
低低細語真心露，朗朗笑聲愛意濃。
執手依依追往事，鎖眉悄悄憶初衷。
願君今日遲遲去，脈脈溫情成長中。

1989

### 款款深情

融融暖意兩相偎，悄悄低聲笑語陪。
陣陣溫情感肺腑，層層熱愛暢胸懷。
依依不捨心神會，脈脈交流眼界開。
日日凝思夜夜想，頻頻電喚好音來。

1990

### 交際舞

燈光旖旎樂聲揚，春色撩人盈袖香。
愛火初燃蜂引蝶，情潮暗起鳳求凰。

男圖擁女花心動，女想依男柳眼張。
只恐良宵酣舞罷，卻因分道兩相忘！

1994

## 養生吟

保健良方笑語頻，意誠心正廣施仁，
均衡營養無偏味，濃烈甘醇少沾唇；
終日勤勞圖報國，清晨運動為強身，
深謀遠慮創佳績，服務人群多便民。

1984

## 電　話

海角天涯一線通，話機巧妙又玲瓏，
數從手指輕彈下，聲達親朋瞬息中；
號碼全能分遠近，地區不限任西東，
環球萬里皆連繫，傳影傳真電信功。

1989

## 颱　風

十片烏雲十級颱，漫天暴雨頓成災；

沿途樹木蕭蕭下，遍地洪流滾滾來。
千里傷懷長作客，一生逃難獨留臺；
他鄉日久故鄉遠，亂世飄萍不盡哀！

1988

## 歡迎世界詩人蒞臨臺北

大哉華夏以詩名，世界詩人齊結盟，
臺北市間多貴客，中山堂內集群英；
蒞臨寶島今三度，活躍騷壇合六情，
國際新詞能共享，一週盛會獲佳評。

1991

## 出席漢城第十七屆世界詩人大會（韓）

世界詩人會漢城，一堂濟濟盡群英。
三韓史跡知名早，萬國騷壇創意精。
魔術展圖贏鼓掌，錄音伴奏帶琴聲。
東西文化能融合，擊鉢吟風獲好評。

1997

註：一九九七年八月二十至二十四日，在漢城舉行第十七

屆世界詩人大會。會場上穿歷史服裝，桌上置小國旗
，朗誦詩反面繪製小圖畫，錄放音機助長氣氛，中國
古典詩之音樂性等，洋洋大觀，令人讚賞。

## 世界詩人在斯洛伐克作家
## 協會林園晚宴感賦（斯洛伐克）

綠草如茵樹影重，成千腳印留芳蹤。
華英雜語群英會，得意笑聲善意濃。
悄悄舉杯詩興發，輕輕揮筆馬行空。
盛筵今夜終須散，國際友情成長中。

> 註：第十八屆世界詩人大會於東歐斯洛伐克召開，八月二
> 　　十二日在該國作家協會林園舉行晚宴，林園綠草如茵
> 　　，樹影重重，數百位詩人歡聚。場中華語、英語、法
> 　　國、德語通用。得意二字與德、義兩國諧音，聊博一
> 　　笑。

## 第十九屆世界詩人大會（墨西哥）

墨西哥國結吟緣，世界詩賢共串聯。
一代騷風同蔚起，兩洲令譽永留傳。

宏揚詩教垂千載，美化人生享百年。
冠蓋如雲齊朗誦，縱橫筆陣耀青天。

1999

註：第十九屆世界詩人大會於一九九九年十月二十四日至
　　三十日在墨西哥阿卡波爾科市（Acapulco）舉行。


## 登高望遠（紐約）

世界之窗氣勢雄，登臨絕頂若懸空。
人車走動如玩偶，船艇航行似彩虹；
俯瞰哈河環島繞，遙看公路幾州通。
浮生到此超塵俗，紐約風光夢幻中。

1997

註：①世界之窗是指紐約世貿大廈第一〇七層樓，第一一
　　〇層是頂樓，高四二〇公尺。二者均可觀賞紐約市
　　全景及紐澤西州、康乃狄克州等。不幸於二〇〇一
　　年九月十一日遭恐怖份子劫機兩架撞毀。
　　②哈河全名是哈德遜河。
　　③世貿大廈是雙塔建築，又名雙子星大廈。

# ㈥詩　餘

## 白衣天使

### ──調寄南柯子

一臉溫柔相
輕盈天使裝
玉人含笑來而往
儀態端莊
親切似冬陽

微笑輕聲說
慇懃問暖涼
上班總為病人忙
慈善心腸
贏得美名揚

1988.5.12

# 戰時餐

## ——調寄鷓鴣天

暫把廣場當飯堂
五人有碗混沙湯
幾條肥肉正浮動
十隻眼睛盯著搶

打牙祭
瘦肉嚐
數雙筷子一齊上
大家選夾深紅色
瞬息之間菜已光

1987.6.1

註：這是1949-1950年間事，韓戰爆發後，生活逐漸改善。

## 宗親會

### ——調寄山花子

遠在周朝是一村
中原分散自生根
相聚暢談家世系
樂天倫

盛會何分主與賓
德高望重供諮詢
同是姓徐東海氏
一家人

1987.4.5

# 老伴吟

## ——仿宋詞蘇幕遮調

(一)

老伴兒

性情好

天作之合

和諧同到老

髮白眼花常嘮叨

真是令人

好氣又好笑


老伴兒

最可靠

甘苦共嘗

又善於烹調

外在風韻未減少

親密尊重

內在更美好

(二)

常嘔氣
少爭吵
不聲不響
火氣自然消
表示關心就算了
相忍為家
大事全化小

兒在外
增煩惱
不來電話
兩老就心焦
悵然若失睡眠少
唉聲嘆氣
長夜真難熬

㈢

兒在外
忽病倒
兩老聞訊
內心如刀絞
要想趕去辦不到
急得好像

熱鍋螞蟻跳

思念兒
心煩躁
倚門而望
終於領悟到
兒有兒的生存道
何必想哪
徒自尋苦惱

　　　(四)
兒媳忙
顧幼小
競爭圖存
漠視了兩老
突然一老生病了
另一老人
又忙又心焦

要外出
一齊跑
戶外散步
市場買菜肴

有時用手扶著腰
深怕老伴
走快會跌倒
　　㈤
趕應酬
要提早
忘了東西
還要往家跑
幾番折騰總算到
至親好友
閒談強歡笑

不貪多
少煩惱
何時病痛
誰也難預料
從早到晚家務勞
共同生活
健康就是寶

1989.10.15

1997 年在漢城世界詩人大會上報告　　　樂山大佛（四川）

徐世澤在 1999 年墨西哥世界詩人大會上吟詩

《擁抱地球》於 1999 年出版

峨嵋山上的霧淞（四川）

徐世澤於 2000 年 8 月在希腦世界詩人大會朗誦詩歌

徐世澤參加 2000 年桂林世界華文詩人大會

徐世澤獲頒詩教獎　　　徐世澤獲頒成就獎牌 1998 年

世界詩集選刊作者四首詩 1997 年

作者與瑞典、匈牙利、斯洛伐克三國詩人合影 1999 年

世界詩人茶敍群像 1999 年

作者與美藉世界詩人大會會長合影

余與印尼蘇北省省長合影 1995 年

畫中有余詩（升揚畫）

畫中有余詩（驚艷）

書法家題余詩句

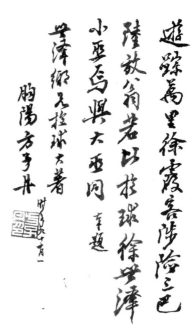

方子丹教授贈詩

參加詩的餐宴活動

# 第二輯　現代詩

# 跨洲大橋

從遙遠的亞洲
伸出一隻手臂
和煦的陽光下
伸向對岸的歐洲

希臘人的手
握住了突厥人伸過來的手
幾塊感性的鋼板
將海峽隔開的兩洲連接

大橋，交流著兩洲的思緒
從亞洲傳來
成吉思汗的牧歌
羅馬人的十字架被圓頂蓋壓住
可蘭經震得海水嘩嘩的響

2000.9.4

註：土耳其第一大都市伊斯坦堡博斯普魯斯海峽上，有一
　　連接歐亞兩洲的大橋，至爲壯觀。

# 擁抱地球

我的目光
穿越萬里雲煙
隨心所欲
到處遊走、飛翔
在海天之間
我是一無羈絆的沙鷗

我和各種不同的人群握手
越過北角、洛卡岬、好望角
火地島、阿拉斯加
觀察大冰河、大峽谷
大瀑布、大沙漠
走過熱帶雨林、鐘乳石洞
目睹午夜的太陽

我歷經風暴
攀登險象環生的山嶽
懷著一顆探險的心

編織閃爍的生命

啊，地球
你擁抱我
我擁抱你
在我的懷裡
我悠遊於淵的魚

1999.8.1

# 霧　凇

一片冰清玉潤
霜枝上銀花萬朵
彷彿是風鈴花串
薄如蟬翼
厚若棉絮
迎風款擺
似露珠吻貼大地
轉眼杳如黃鶴

2000.11.29

後記：在海拔一千五百公尺高的山間雲霧帶，遇攝氏零下
　　　度的氣流，松葉形成霧凇。景色奇美可達數天。
　　　2000年11月29日我在峨眉山上復見此景。

# 李白來過秀苑

夢中，忽然發現
一臉醉意的李白
由窗外大步走來

他拉我去「秀苑」①
與三月詩會同仁見面
這裡美景如畫
　　俊秀滿座

他不喝茶，祇說：
「如詩不成
罰依金谷酒數」②

1998.6.20

註：①「秀苑」爲位於臺北市衡陽路上一茶座名。
　　②引自《春夜宴桃李園序》內結尾兩句。

# 官　章

我原是一個
未經磨刻的小石
一天，被刻上
您的單位、職稱和姓名
便與您有了親蜜的關係

像金屋藏嬌般
我經常被您藏之於密，帶在身邊
當您輕輕撫摸著我，將我壓揿
千千萬萬個您
便在人們的眼前出現

您是本尊
我是您的分身
一旦沒有我
您便著急，若有所失
不過沒有您
我就變成了廢物

1997.2.9

# 金字塔

高高尖塔
巍然屹立
古往今來
只有你
餐風五十個世紀

集巨石而成塔
沙漠上首屈一指
你是
開羅的地標
古文明的象徵

歲月悠悠
站著
與天地同在
坐觀
駱駝在風沙中行走
遊人指指點點　　　　　2000.9.10

# 樂山大佛

仰慕祢
不遠三千里而來膜拜
祢與山齊
背負凌雲
腳踏三江

從棧道蜿蜒而下
繞著祢的腳走過
抬頭看祢
眉宇非凡，慈祥莊嚴
縱然有著風吹雨打的斑痕

祢來此已一千餘年
人們瞻仰的豈止是一種藝術
我的悵望卻是
苦難、空虛與無常

2000.11.30

## 後記：

1.大佛坐像全高七十一公尺，寬十公尺，公元八世紀鑿雕。

2.凌雲指凌雲山。

3.三江指岷江、青衣江及大渡河。

4.棧道指凌雲棧道、九曲棧道。

5.佛足上可圍坐五十餘人。

6.佛像上有剝落的斑痕。

# 兩千年石柱

穿越希臘羅馬時代
經過狼煙烽火
流著歲月的淚水
默默屹立

傷痕覆著傷痕
淚跡蓋著淚跡
挺著時代的風雨
蒙著歷史的雲煙
巍然不移

2001.7.1

後記：希臘雅典衛城山上的神殿，土耳其戴丁瑪神殿，目
　　　前均只留了幾根石柱，而列為世界級古蹟。

# 思　母

您將無限的　慈愛與關懷
如甘露般傾注我身上

您使我有勇氣追求一切
在我跌倒時，說
「快起來，繼續前進」

您竭盡所能
不顧艱難險阻
帶領我度過許多風浪

您忍受痛苦
如麥粒被輾碎　磨成粉
您的犧牲讓我飽享母愛的芬芳

母親啊！每當午夜夢迴
猶聞您殷殷的呼喚
我對您的思念如泉湧不斷　　　　1998.5.10

# 收　成

那時我近而立，你也婷婷玉立
情話是定期基金
撥入電話筒裡
不斷地流向你

因為運用得宜
昔日播下的種子
已結成纍纍果實
如今你我共享收成

1998.2.15

# 醉

## ——贈詩友林齡

腦欲裂
胃在翻滾
嘔吐出
一肚子的鬱悶

陶潛每飲必醉
醉了便吟歸去來
李白一飲三百杯
醉入水中捉月竟不歸

稀客瀘州老窖
金門高粱相陪
盡情暢飲罷
眾人皆醒我獨醉

1999.1.5

後記：林齡兄同時喝「老窖」、「高粱」而小醉。

## 蛙　鳴

我是地球村民
世居沼澤池塘
興來嗝嗝地高歌一曲
但求自娛，不論有無知音

有人為了實驗
將我拉到解剖臺上
開膛破肚，左看右看
完全無視我的悲傷

有人將工業廢水
污染我住的地方
妨害了我的子孫們生存
未來人類恐再難以聽到蛙唱

2000.6.8

# 路　燈

你在路邊、牆角挺立著
昂首保護夜行人

即令風吹雨淋
飛蟲侵擾

你依然目光四射
灑一片光明

1999.6.20

## 空　夢

滿天星斗
是銀河公路上的汽車
太陽是橘子
地球是粒細砂
有人
滿懷征服太空的夢
連橘子都摘不到
那夢終將落空

1999.10.20

# 千禧蟲

一九〇〇年出生的人瑞
活到了二〇〇〇年
切生日蛋糕時，竟然
變成了〇〇歲的嬰兒

千禧說：很抱歉
並非我搞怪搗亂
而是設計師太短視
想不到人類會
活得這麼久

1999.12.2

## 玩股票

號子看板上
像大海的波浪
無數的浪花嘩嘩地湧跳
像在玩：你追我趕

退潮了！退潮了！
滿海是黑色的浪
多少人心潮起伏
血汗在浪潮中流光

1999.2.10

# 老 淚

歲月將他塑成
一株衰朽的枯樹
悲哀濃縮成眼角的魚尾紋

三十年教養三個子女的辛酸
血液中流淌著亡妻的深情

他的額頭凝結著憂鬱
臉死一般蒼白
沉思的眼眸深處
枯了一顆淚珠

2001.2.20

# 癌的辯護

周大觀寫詩
罵我是惡魔
要人們對我宣戰

他有所不知
我想侵入人們的身體
並不那麼容易
是他們自己粗心大意

當他們的生活欠規律
放射線、化學物過度刺激
吞雲吐霧、環境污染
我就會乘虛而入

不尋常的流血
久治不癒的傷口
乳房或任何部位
化膿或腫塊

痣或疣顯著的變壞
都是我在建立根據地

人們缺乏憂患意識
沒有警戒心
給我生存發展的機會
一旦我兵臨城下
只得束手就擒

防衛戰略重環保
防禦戰術要周密
我就會知難而退

1997.8.8

後記：周大觀十歲患肌癌，他作詩抗癌。

# 歷史的車輪

在臺北中山路交叉口
歷史的車輪拖著我前進
車聲中飄起我的思維
眼前浮現出四十年前的記憶

那時候
此處有一南北向的復興陸橋
橋下是鐵路平交道
橋上車隊如龍疾馳而過

今天，我的視線掙脫回憶的鐵錨
看見東西向的市民大道
頭頂上傳來轟轟的車聲
半空中有鱗光閃閃的游龍

歷史的車輪啊
你不停地轉動
拖著我生命的羽翼

向前飛奔

2000.3.3

後記：復興陸橋是爲蔣介石氏車隊而特別於1952年興建，
　　　深具歷史意義，現已拆除。

# 戲

感人落淚的悲
令人捧腹的笑
動人心弦的歌
可憐復可笑的人生舞臺

我們對這世界
投入一生的心血
像牛馬般的辛勞
扮演好自己的角色

屹立於沉默的微笑
壓抑的憤怒
不遂的命運
離棄的詛咒
瘋狂的活力
豪放的堅毅
各奔天涯
盡力作出色的表演

儘管無奈
仍然期盼
人生的戲不斷地上演

　　　　　　1997.11.20

# 白衣天使

一臉溫柔相
輕盈天使裝
儀態端莊
親切似冬陽

微笑輕聲説
慇懃問暖涼
上班總為病人忙
慈善心腸

1997.5.12

## 螢火蟲

夏夜降臨
一團黑的世界
有光環飛旋　晶瑩瀲漾
夜之曠野張燈結綵
仿如另類嘉年華會

　　　　　　2000.6.15

# 冰 河

藍天白雲，雪山綠水
深情地擁抱著你
我從萬里外來
探訪你這世間罕見的佳麗

直升機吻著你
傾聽你「格格」的低語
你悄悄地蓮步輕移
一瞬間，你卻發出
崩裂般的隆隆聲
是否你在掙扎呢？

你身著藍白黑綠的花衫
轟立在兩座雪山間
你只微微抖落了一點皮屑
便有刀山、劍壁出現
向四處投射

遊輪就近你的芳澤
發覺你更迷人
和煦的陽光照耀你
使你更美麗
有如彩虹在搖曳
眾人驚呼不已！

1997.3.1

後記：余於1995年9月阿拉斯加破冰之旅及1997年2月南極
　　　冰河之旅所見景象。

# 冰野雪嶺

白茫茫的冰野
浮雲端的雪嶺
我踽踽而行
天空不見鳥影
但見雪花紛飛
欲來與我共舞
這幕令人驚喜的鏡頭
永遠留影於我心中的版圖

1998.12.3

# 跋

　　我九歲時，讀過童詩，還記得第一首是：「天子重英豪，文章教爾曹，萬般皆下品，惟有讀書高。」在初三、高一階段，我負笈他鄉，夜宿廟堂。某日，一位老師看我在廟裡聚精會神地讀書，便要我晚上到他宿舍玩，因而他便教我讀唐詩，可惜時間只有四個月，他到另地高就了。但我卻學會平仄聲和用韻的常識。作絕詩由兩句到四句，而奠定了五十年後再學寫詩的基礎。

　　讀醫學院後，功課繁重，已無讀詩寫詩的雅趣，直至一九八三年，我在宜蘭員山醫院院長任內，有一位住院榮民能詩，他特別為我寫了一首七絕讚美詩，暇時我這才翻閱《唐詩三百首》，便模仿唐詩句子改作，榮民詩人為我校正，將詩稿投到「榮光」發表。有一首七律「養生吟」，一九八五年四月十三日竟在《新聞天地》第一九三九期刊出。這是一項很大的鼓勵。因為我以前並未學寫過律詩，完全是自學。《新聞天地》是一本高水準的刊物，實屬難得。

　　不久，我調入臺北榮總，忙得頭昏腦脹，天天在做計畫，環境巡查。一九八七年後，工作較優閒，才有時

間再寫詩。《中央日報》、《青年日報》、《新生報》
、《臺灣新聞報》、《更生報》等十一種報刊都登載過
拙詩，翌年全國詩人節，遂因此獲頒「優秀詩人」獎。
　　一九八九年六月起，拙詩常在「榮總人」上發表，
同時「源遠」也增闢海外校友版。由於編輯使命繁重，
職責所在，暇時必須多翻閱唐詩宋詞，藉以撰寫新聞標
題和一般文題，真是「一枝動而百枝搖」，唐詩宋詞
都要學寫，可皆不精。偶爾也有人說好，尤其是「白衣
天使」與「老伴吟」兩闋。也有人曾再三翻閱、細讀。
御醫姜必寧教授、尹在信教授、宋哲生教授等對我非常
勉勵。外籍教授和學生也喜歡看我的詩，因而前輩們推
介我入詩學社團。萬想不到會受Dr. Zsoldos的青睞，願
為我校正英譯稿，鼓勵我出專集《養生吟》（Regimen）。
當年並蒙中華醫學會會長羅光瑞博士及國立陽明大學校
長韓韶華博士作序，竟又獲頒教育部「宏揚詩教」獎。
　　一九九四年，文藝界和我交往的人士漸多。一九九
六年，藍雲先生要辦一份新（現代）和舊（古典）並存
的「乾坤」詩刊，周伯乃先生任社長，邀我就任副社長。
我掌握機會，每期都寫現代詩和古典詩發表。當時我寫
的現代詩不成體統，他們就為我修飾，勉強刊出。旋即
帶我加入「三月詩會」，每月第一個星期六集會一次。
經過十餘位先進的潤飾，拙詩漸漸地有詩味了。我也經

常參加各種詩社活動，連世界詩人大會我也飄洋過海出席過。人頭慢慢混熟了，詩藝也略有些進展了。

「乾坤」詩刊越辦越進步，而新舊詩主編們閱稿也愈趨嚴格。我的古典詩用字遣詞與表現方式，也賴方家校正。四年下來，自覺拙詩尚似乎有點模樣，敝帚自珍，不妨收集成冊了，這才有此本《翡翠詩帖》問世。

此書內容，包含古風今詠、五絕、七絕、五律、七律、詩餘、現代詩、外文譯詩等項。肯定禁不起大詩家的考驗。但對初學寫古典詩者，或許可作一些參考。

此書蒙無名氏（卜寧）公熱心命名，並賜序言。女學者詩人陳素英提供畫像，均使本書倍增光彩。我生何幸，得此知遇，令我萬分感激。

我也要感謝「乾坤」詩刊及「三月詩會」三十五位先進審閱，文史哲出版社彭正雄社長策劃。內人全秀華及小女曉儂亦十分支持我，得以順利付梓。午夜夢回，這十五年來，一些人和事的大是大非，均已幻化泡影，惟有拙詩尚留存。但不管朔風乍起，雪地仍顯印跡。春夢秋魅雖斷，藕絲殘痕卻存。拙詩已是這些印跡與殘痕。閒時可供咀嚼、回味，這正好證實了：有時詩如橄欖，回味無窮。而靈敏的讀者，亦可從詩中內涵及年代，多少可以領略到我當時的如萬花筒的心情。

徐世澤　2001年9月於臺北

# 附　　錄

## 附錄一　玩股票英譯

### 玩股票

號子看板上
像大海的波浪
無數的浪花嘩嘩地湧跳
像在玩：你追我趕

退潮了！退潮了！
滿海是黑色的浪
多少人心潮起伏
血汗在浪潮中流光

# The Game of Security Trading

The stocks listed on the screen
Glitter like waves on the sea,
Spraying numerous jumpy droplets,
As if playing hide-and-seek.

Tide receding！Tide receding！
The whole sea turns into a greenish sight.
How many people watch with hearts beating,
Sweat and blood washed out in the tide.

By Shih-Tze Hsu

Translated by J. S. Soong

## 附錄二　六重奏

### 颱　風

十片烏雲十級颱，
漫天暴雨頓成災；
沿途樹木蕭蕭下，
遍地洪流滾滾來。
千里傷懷長作客，
一生逃難獨留臺；
他鄉日久故鄉遠，
亂世飄萍不盡哀！

# Typhoon （英文）

Dreadfully strong winds sweep the sky covered
with dark clouds.
Storms are ruthless, leaving ruins and corpses in
their course.
Trees are bare of branches and leaves fallen in
desolation.
Torrents can be seen running from all sides.
A lonely heart, thousand miles away, comes up
with deep sorrow.
Seeking refuge from war, living alone in Taiwan.
Long time in a strange land, makes one feel the
home country far away.
Grief for moving about like duckweed in anarchy is
endless.

Translated by Imre P. Zsoldos svd

# Thyphon （法文）

Des vents terriblement forts apportent des nuées
noires au ciel.

L'orage est si cruel; il ne laisse que ruines et
cadavres à son passage.

Les arbres sont denudés, sans feuilles, sans
branches.

Les eaux pluviales battent de tous les côtés.

Un refugié venu du continent en souffre encore
plus:

Là, c'était la guerre; ici, c'est la solitude et la
misère.

De longues années loin de son pays natal.

Rendent la vie dure à supporter, rebarative, brutale.

Traduit par: Imre P. Zsoldos svd

# Tifón（西班牙文）

Espantosamente fuertes vientos barren el cielo
Cubierto de oscuros nubes.
Los tormentos son desipadados dejando ruinos
Y cadáveres a su andar.
Los árboles están denudos de ramos
Y las hojas caen en desesperación.
Los torrentes pueden verse corriendo
A todas directiones.
Un solitario corazón, miles de millas distante
Surge con profundo dolor.
Buscando refugio de la guerra, viviendo
Solo en Taiwan.
Largo tiempo, en extraña tierra le hace
A uno sentir su pais tan distante.
Sa pena por moverse como una arveja
En anarquia es infinita.

Traductor: Imre P. Zsoldos svd

# Taifun (德文)

Der schwarze Himmel wird vom schrecklichen
Wind durchgefegt.
Unmenschliche Stürme lassen nur Ruinen
und Leiche hinter sich.
Die Bäume sind nackt, ohne Blätter,
ohne Zweigen.
(Man sieht den Himmel gar nicht voll mit Geigen！)
Wasser überall und Überschwemmungen:
Für einen Festländer von China
ist es noch unerträglicher als für die Anderen,
die hier in Taiwan geboren sind.
Wenn man leidet, das Gefühl der Heimatlosigkeit
wiegt noch schwerer, als sonst.
Hoffentlich wird das keine endlose Anarchie kreieren.

Übersetzt von Imre P. Zsoldos svd

# Tájfun （匈牙利文）

Sötet az ég, majd mindenhol beborult.

Dúl-fúl a szel, söpör mindent az uton.

Törött ágak, kicsavart fák, sok a holt.

Vizáradat önt el mindent, ez a Tájfun

A javabol ! Csak a szegény menekült,

Ki Kínából úgy ahogy ide jutott,

Szenved, pedig arcán a honvágy kiült.

Jó, hogy ez nem anarchiába fúlt !

Forditotta: Zsoldos Imre svd

## 附錄三　俄籍詩人 Adolf P. Shvedchikov 論詩

# 詩默想

　　我最愛午夜後的時刻，疲倦的世界已趨沉寂，你的思想很易飛入時空，沒有任何事物擾亂你的幻想。在這種特殊時光，你盛詩的酒杯，裝滿語音和諧的美酒，你的心靈會洋溢美的啓示。

　　詩是人與人的一種非常具體而又神秘的溝通方式（也許兩人從未見面）。

　　詩是某種精神上的約會，遠離世俗，你一投入這種魔術般的語言，時間與生命便連接了。

　　詩是人類心靈的共鳴。有時，年代相隔久遠，詩人與讀者已個別消失了，那種共鳴的感覺，卻充滿魅力的把消失的生命結合起來。

　　詩雖與生俱來，但它的真正主人，卻是最勤奮的耕耘它者，如一田黃金稻穗，屬於勤奮的農人。

　　詩是人類心靈間，最熱烈的共鳴者，也是星球中的一具永恆偉大的琴。

　　詩助我們人格完美、和諧，是我們的永恆啓示者。

　　偉大的俄國詩人普式金對詩是怎樣產生的，有極佳描述：

「短短的冬日方過，
　我正坐著又在默默地想
　靠近火爐，
　出神地望著熾熱的火……
　突然我的手
　伸到這支筆，
　眞實的一刻，
　一行一行黑色的字
　順暢地跑出來
　沿著這張白紙………」

　　我讚美詩，它是人類跨越時間、空間的奇跡。只有詩，才在這個地球上，創造了一座又一座的燦爛的精神花園。（附原文 Poetry ... an Essay）

# Poetry...an Essay

I like these late hours after midnight when a tired world is falling into silence. Your thoughts are easily flying in time and space, and nothing disturbs your fantasy. This is a special time when your poetical wineglass is filled with a divine liquor of verbal melody, and your soul is ready for a revelation.

Poetry is a very specific and sometimes mystical way of communication between human beings who may never meet.

Poetry is some kind of a spiritual seance, far from all that is earthly. The magic language becomes a connective link between time and life.

Poetry is a resonance of relative souls sometimes divided in time by ages. The poet and reader disappear as individuals, and a magic fusion of mutualy acceptable feelings takes place.

Poetry exists inside everyone from birth. At times we are thankful to poets who express verbally our feelings and suddenly solve our psychic problems.

Poetry is a concentrated, ardorous intercourse between the rebellious souls, an eternal pilgrim among the stars.

Poetry is a perfection of our personalities, a generous gift from a treasure of the cultural heritage of mankind.

Poetry is too far from the mundane, needing silence and a renunciation of our daily troubles. The great Russian poet Alexander Pushkin explains very well how verses are born:

"A short winter day is over,
I'm sitting and thinking again in silence
Near the fireplace,
Looking pensively at the glowing fire...
And suddenly my hand
Is extended to the pen,
A moment of truth,
And the black lines
Are running, freely and simultaneously
Along the white paper...

I admire poetry, this pearl and the miracle of a human communication across time created by God.

Dear Friend, Dr. Hsu Shih-Tze

Herewith I send you these few thoughts about poetry. The short explanations sum up very well what I as a Russian think of poetry. Best regards,

Adolf P. Shvedchikov,

Distinguished Member of ISP.

## 附錄四

# 詩朗誦與保健

　　我從事醫務工作四十多年，獲得一個保健經驗，那便是朗誦詩詞對於身心健康有密切的關係。

　　在我國文學長河中，詩占有重要的地位。詩不僅是精緻美好的精神食糧，也是修心養性的滋養品。一個人在病中，偶然披上外套，步入後園，眺望遠方的河流，抬頭看那藍空的飄浮的雲絮，心胸頓時開朗，此時不由地朗誦起王之渙的「登鸛鵲樓」：「白日依山盡，黃河入海流；欲窮千里目，更上一層樓。」此時，病人和詩人的思想感情相結合，同時置身於美麗大自然中，這對於病人的復健確有一定的影響。

　　在現代醫學治療上，詩治療 Poem Therapy 是心理治療的一種。它比音樂治療還有效。著名作家朱自清說過：「有些人在生病時或煩惱時，拿一本詩選來翻讀，便會覺得心情平靜些、輕鬆些。」這些話確有道理。

　　目前臺灣的城市鄉鎮都有詩學研究社，可以統計出詩朗誦的人口，包括老人、婦女和青少年。而且坊間尚有「中華兒女唱唐詩」錄音帶出售。日本各地皆有漢詩吟社，他們對漢詩的朗誦，是配合早覺會的劍舞、扇舞、巾舞等活動，幾乎把吟詩視為日常生活的一部分。

詩人惠特曼說過：「一個國家的偉大性的最終估計，必須嚴格的在它特定的第一流的詩歌之花中，表現出來。」我們知道，過去鄧麗君拿手的一曲「胭脂淚」，她演唱時有一段獨白：「林花燦爛，萬紫千紅，一轉眼花落水流，春去無蹤，難道人生也正與林花一般的匆匆與苦痛？」這段獨白，很美。它是從李後主的「相見歡」詞中引申而來的。

最近我從長江三峽旅遊歸來。當船過三峽，我站在船頭倚靠欄杆，眺望兩岸斷崖景色，不由地朗誦起李白的「下江陵」：「朝辭白帝彩雲間，千里江陵一日還；兩岸猿聲啼不住，輕舟已過萬重山。」這首詩節奏明快，音響奔放，詩中沒有一個快字，但從景物的快速移動寫起。尤其從第三句的驚心動魄猿聲的描述，使三峽水道給旅人一種逼迫的壓力，但過了萬重山的歡愉，不僅產生旅行樂趣，還有一種對生活上的滿足心情。

歌德有言：「誰要理解詩人，就一定要進入他的領域。」我認為從事詩朗誦，不僅汲取了詩的藝術美味，同時也理解了詩人的品質與風采，進而作到保健。如以保健而言，唐詩最有益。雖然它已有一千多年歷史，但清朝蘅塘居士編選的「唐詩三百首」，直到今天仍是暢銷書。

1996年7月15日青年日報

## 附錄五　詩與歌

老　伴　吟

黃　鶴　樓

# 老伴吟

詩 徐世澤
曲 瘦雲王牌

1＝C
2/4 輕快的

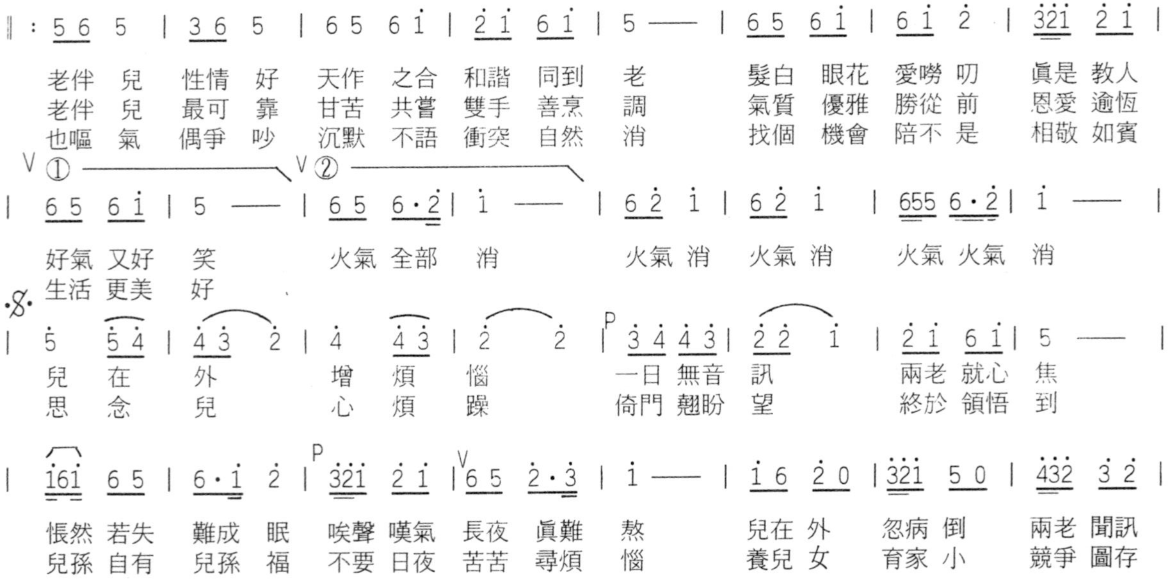

| 6 5 | 6 i | 5 — | | i·6 | 6 5 | 6 i | 2 | i 3 2 | i 3 2 | i | 665 | 3 2 | i | 3 2 | i | 跑 跑 | ‖ D.S

心裡 如刀 絞丁 意欲 飛去 難振 翅 急得 如同 得老伴兒 害得 螞蟻 螞蟻 跑 跑
疏怨 免不 　　 何必 憂心 惹塵 埃 害得 老伴兒 又心 又心 焦 焦

| 5 6 | 5 | 3·6 | 5 | 6 i | 2 i | 6 i | 5 — | 6 5 | 6 i | 2 | 6 i | 6 i | 2 i | 3 2 i | 2 i | |

戶外 散步 好早 結伴 市場 買菜 肴 相互 扶持 手牽手 彼此 關照
要外赴 以免 要提 出 有失 過時 作客 道 從容 容容 赴宴 至親 好友
不強 求 少煩 禍災 病痛 古今 皆難 料 閒吟 詩文 又唱歌 晚景 生活

∨①　　　∨②

| 6 5 | 6 i | 5 — | | 6 5 | 6 i | 5 | 6·2 | i | 6 2 | i | 6·2 | i | 655 | 3 2 | i | ‖

平安 健康 就是 寶 就是 寶 就是 寶 就是寶 就是 寶
齊聚 最重 要陶 樂陶陶

# 黃鶴樓

詩　世澤
曲　徐瘦雲
王雲牌

C調　4/4　慢版

1 5 6·5 | 3·5 5 | 6·i 6·5 | 6·i i | 2 i 6·i | 5 — |
蛇　山　　　　頭　上　　新　建　　樓

1 1 6·i | 6 5 | 6·i 6·5 | 6·i i | 6·2 6 5 | 5 — |
壁　畫　　　　添　聯　　古　　　趣

3·2 2 i | 3·2 2i | 2i i | i — — | — 0 |
憑　欄　西　望　大　江　流

4 4·3 4·3 | 2 | 4·3 2·3 | 2·i | 2 i 6·5 | i — |
鶴　香　樓　　故　事　傳　　　神　韻　風　光　勝　從　前

i 6·i 6·5 | 5 | i6 5 | 3·2 3 2 | 3·2·i | 3·2 6·5 | i — |
山　形　江　景　相　輝　映　　園　亭　配　置　皆　井　然

D.S

江漢　合流　匯楚城　蛇山黃鶴已無聲

登樓　縱眼　三湘外　讀鴻篇一怡情

國家圖書館出改版品預行編目資料

翡翠詩帖 ＝ Emerald in poetry / 徐世澤著. --
　初版. -- 臺北市 :文史哲, 民 90
　面：　公分. -- (文史哲詩叢 ；43)
　ISBN 957-549-389-3(平裝)

851.486　　　　　　　　　　　90016407

## 文史哲詩叢 ㊸

# 翡　翠　詩　帖

著　　者：徐　　　　世　　　　澤
出 版 者：文　史　哲　出　版　社
登記證字號：行政院新聞局版臺業字五三三七號
發 行 人：彭　　　　正　　　　雄
發 行 所：文　史　哲　出　版　社
印 刷 者：文　史　哲　出　版　社
　　臺北市羅斯福路一段七十二巷四號
　　郵政劃撥帳號：一六一八○一七五
　　電話 886-2-23511028・傳真 886-2-23965656

## 實價新臺幣二○○元

中　華　民　國　九　十　年　十　月　初　版